FUNNY FRANCE

DRÔLE de FRANCE

www.funniplanet.com

PARLEZ VOUS BRETON?
UR YEZH HEPK EN EO KET A WALCH!
DRÔLE de FRANCE

Bizou
Autruche
Villeperdu
Vatan
Montcuq
Montenun
Coubisou
Condom
STOP
Mayonnaise

France is one of the most loved and visited countries in the world

The Eiffel tower changed its relationship status to "Married" after a beautiful ceremony with an American archer back in 2007.

La France est l'un des pays les plus aimés et visités au Monde

La tour Eiffel s'est officiellement mariée en 2007 lors d'une belle cérémonie avec une archère Américaine.

I ♥ FRANCE
♥ France
France
I married the Eiffel tower!
She married the Eiffel tower!

In France you need to dance with a lady to cross the bridge

France has the highest bridge in Europe and there is a superstition that if you don't dance with the lady of the bridge,
you are not allowed to cross. (Dames Blanches)

En France, on doit danser avec une demoiselle pour traverser le pont

La France possède le plus haut pont d'Europe, et une superstition dit que vous n'êtes pas autorisé à traverser si vous ne dansez
pas avec la dame blanche.

Dance?
STOP
No!
I change
my mind!

France - king of ballet!

King Luis XIV was one of the first French ballet dancers, and all the dancers were men.

France – Roi du ballet!

Le Roi Louis XIV fut l'un des premiers danseurs de ballet en France, à une époque où tous les danseurs étaient des hommes.

Fat cats pay more

The cost of a train ticket for a pet is based on the animal's weight.

Les gros chat payent plus cher

Le prix d'un billet de train pour un animal est basé sur son poids.

You need to DiET!
Sorry! I can't afford you!

Watch out for the fish

One typical April fool's joke is putting paper fish onto the back of unsuspecting others. If they are caught, they must scream "April's fish!"

Attention aux poissons!

Les Français célèbrent le premier avril en scotchant des petits poissons en papier dans le dos des autres. S'ils sont surpris,
ils s'écrient «poisson d'avril!»

Italians have always loved France

France was originally called Gaul by the Romans who gave the name to the entire area where the Celtics lived.
This was at the time of Julius Caesar. Today there are many, many poodles called Caesar living in France.

Les Italiens ont toujours adoré la France

La France fut originellement appelée la Gaule par les Romains, qui donnèrent ce nom à la zone dans laquelle vivaient les Celtiques.
C'était à l'époque de Jules César. Aujourd'hui, il y a beaucoup de caniches qui portent le nom de César en France.

BLUE PAINT = 😊

The creation of French soufflé is an art of perfection

There are billions of stars in the galaxy, but France has the most Michelin stars.

La création du soufflé français est un art de perfection

Il y a des milliards d'étoiles dans la galaxie, mais la France a le plus d'étoiles Michelin.

0,5 millimeters to the left, please!

French love to spoil each other with gifts

President Pompidou even gifted a giant grasshopper wine cooler to the UK in 1972.

Les Français aiment gâter les autres avec des cadeaux

Le président Pompidou a même offert un refroidisseur à vin en forme de sauterelle géante au Royaume-Uni en 1972.

Art is everything in France

The Louvre is the most visited museum in the world!

L'art est très important en France

Le Louvre est le musée le plus visité au Monde!

What is considered as food in some countries, is thought of as poison in France

France is the king of cheese. You would need to eat at least 5 different type of cheeses per day for one year in order to try them all.

Ce qui est considéré comme de la nourriture dans certains pays est vu comme du poison en France

La France est la reine du fromage. Il vous faudrait manger au moins 5 types de fromage différents par jour pendant un an pour tous les essayer.

STOP! It is NOT edible!
HAMBURGER

France gives new meaning to driving in circles

There is only one stop sign in Paris and 30,000 roundabouts in France which is 1/2 of the WORLD's total!

La France donne un nouveau sens à l'expression «tourner en rond»

Il n'y a qu'un seul signe 'stop' à Paris, et 30 000 ronds-points en France ce qui représente la moitié du total MONDIAL!

The famous inkblot test – What do you see?

French obsession with creativity and imagination led Alfred Binet to further develop the inkblot test towards this direction in 1895.

Le fameux test de la tache d'encre – Que voyez-vous?

L'obsession française pour la créativité et l'imagination mena Alfred Binet à développer le test des tâches d'encre de Rorschach dans cette direction en 1895.

Even sheep are given an education in France

The sheep "Shaun", "Dolly" and "Baa-bete" enrolled to Jules Ferry school in "Crêts-en-Belledonne" village along with their 15 closest fluffy friends.
They hope to graduate and dream of working as ba-a-a-a-rbers.

Même les moutons reçoivent une éducation en France

Les moutons Shaun, Dolly et Babèèèèète se sont inscrits avec 15 de leurs amis à fourrure à l'école Jules Ferry dans le village
de Crêts-en-Belledonne. Ils espèrent passer leurs diplômes pour réaliser leurs rêves de devenir baaaarbier.

Sheep need schools!
I ♥ sheep!
What am i?
PEOPLE NOT SHEEP!
No sheep!

France has the most expensive haystack in the world

$110,7 Million was all you had to pay to buy this sought-after painting by Monet.

La France possède la meule de foin la plus chère du monde

Tout ce que vous aviez à débourser pour ce tableau de Monet est la coquette somme de 110,7 Million de dollars.

VIP AUCTION
LOT 5A
USD 1 000 000 000
USD 1 000 000 000
V.I.P_AUCTION
VIP
SOLD
55
4
17
14
3
8
11
9
25
9

What does a Monks belly button, a happy deer, Queen Catherine de' Medici and the rings of Jupiter have in common? Macarons!

Monks with a sweet tooth, a dash of deer musk along with a very creative queen and... voila! France's favourite treat:
the macaron! Ladurée bakery in Paris, founded 1862, sells over 5 million each year alone. The most expensive macaron
in the world was sold for $ 9,703!

**Qu'est-ce que le nombril d'un moine, une biche heureuse, et la Reine Catherine de Médicis ont en commun avec les anneaux de Jupiter?
Les Macarons!**

Des moines gourmands, un soupçon de musc de cerf et une reine très créative et...voilà! L'une des sucreries les plus populaires
en France est née: le macaron! L'enseigne de pâtisserie Ladurée, fondée en 1862, en vend plus de 5 millions par an.
Le macaron le plus cher du monde a été vendu pour 9 703 dollars!

MUSCUSs..
MACARONS
SPACE
STATION

Classic guide to French humor

One of the most famous French comedian never said a word…Marcel Marceau!

Petit guide d'humour français

L'un des plus célèbres comédiens français n'a jamais dit un mot… Marcel Marceau!

Qu'est - ce qui est petit, rond, vert, et qui monte et qui descend?
Un petit pois dans un ascenseur
5
3
Une maman citron dit a ses enfants: Pour vivre longtemps
il ne faut jamais être pressé
Potatoe???
Ah, purée!
Quelles sont les deux plus vieilles lettres de l'alphabet?
C'est cla'l
A G
CAFE

Want to be in Haute couture?

The only syndicate in the world where you literally need to hand-sew your way in for several hundred hours...

Voulez-vous travailler dans la Haute Couture?

C'est le seul milieu dans lequel vous devrez littéralement coudre votre place à la main pendant des centaines d'heures.

The gift of flight to the world, courtesy of the Montgolfier brothers

The first ever airship passengers were a sheep, a duck and a rooster that were lucky enough to enjoy the Annonay skyline during the summer of 1783.

Les frères Montgolfière vous ont fait cadeau des cieux!

Les premiers passagers de la Montgolfière étaient un mouton, un canard, et un coq, qui ont eu la chance de profiter de la vue du ciel d'Annonay durant l'été 1783.

VOYAGE
THAÏLANDE

The French invention story – And they all lived happily ever after

Once upon a time, France invented the pencil sharpener so they could build the Concorde and beat the speed of sound made by their piano tuner. Wind from the Concorde were inspiration to create a smaller machine for drying hair. Cinema was invented to help pass time while waiting for the hair to dry. Louis Pasteur made sure to provide everyone with safe pasteurized milk to accompany the French baguette!

L'histoire de l'invention française – Et ils vécurent heureux pour toujours

Il était une fois la France. Les Français inventèrent d'abord le taille-crayon afin de pouvoir tailler le Concorde et passer le mur du son fait par un accordeur de pianos. Le vent produit par le Concorde les inspira pour créer une machine plus petite pour sécher les cheveux. Le cinéma fut ensuite inventé pour passer le temps pendant que les cheveux séchaient. Louis Pasteur fit en sorte de fournir du lait pasteurisé à tout le monde pour accompagner la célèbre baguette de pain française!

Pasteurize!!!
Past your eyes?
Milk
AEROPORT
«Mistral»

How French are you?
Take the test and find out!

1) What was the currency in France before EUR?

a) Macarons
b) Kisses
c) Franks
d) Haystacks

2) Citroën is famous in France, what is it?

a) A special lemon Dessert
b) Name of a senior person in the mayor's office
c) A type of medicine
d) The family name given to an automobile brand

3) What should you not do when invited to a French dinner Party?

a) Arrive on time
b) Bring a gi
c) Keep your hands on the table
d) Always eat with both a knife and fork

4) Which phrase is from Molière?

a) "How can you govern a country which has 246 varieties of cheese?"
b) "Of all the noises known to man, opera is the most expensive."
c) "It is nothing to die. It is frightful not to live."
d) "Stop your chariot!"

5) Which country has the most French speakers?

a) Canada
b) Congo
c) Cameroon
d) France

6) Comparing French bulldog with English Bulldog. Which is the biggest difference?

a) Weight
b) Lifespan
c) Height
d) Language

7) The kiss on cheek is a greeting in France. How many kisses are usual in Normandy region?

a) 1
b) 4
c) 2
d) Unlimited

8) "Oh La vache!" When is this normally used?

a) As an exclamation of surprise
b) As a Greeting
c) When attending a funeral
d) On a farm

9) When making a toast in France, if you don't look the others in the eye, what will happen to you?

a) Spill your drink
b) Be unlucky in love for 7 years
c) Not have a good harvest
d) Lose all your friends

1- Answer C
2- Answer D
3- Answer A
4- Answer B
5- Answer B
6- Answer A. The French bulldog is on average 9 kg lighter.
7- Answer B
8- Answer A
9- Answer B

A quel point êtes-vous français?
Faites le test et découvrez-le!

1) Quelle était la monnaie française avant l'euro?

a) le Macaron
b) le Bisou
c) le Franc
d) la Meule de foin

2) Citroën est connu en France. De quoi s'agit-il?

a) D'un dessert au citron
b) D'une personne âgée à la mairie
c) D'un médicament
d) D'un nom de famille attribué à une marque de voiture

3) Que devez-vous éviter de faire lorsque vous êtes invité à un dîner en France?

a) Arriver à l'heure
b) Apporter un cadeau
c) Laisser ses mains sur la table
d) Toujours manger avec une fourchette et un couteau

4) Quelle phrase est de Molière?

a) "Comment voulez-vous gouverner un pays où il existe 246 variétés de fromage?"
b) "De tous les bruits connus de l'homme, l'opéra est le plus cher."
c) "Ce n'est rien de mourir, c'est affreux de ne pas vivre."
d) "Arrête ton char!"

5) Quel pays a le plus de francophones?

a) le Canada
b) le Congo
c) le Cameroun
d) la France

6) En comparant le bouledogue français au bouledogue anglais, quelle est la différence la plus marquante?

a) le poids
b) la durée de vie
c) la taille
d) la langue

7) En France, on s'embrasse sur la joue pour se dire bonjour. Combien de bises a-t-on l'habitude de faire en Normandie?

a) 1
b) 4
c) 2
d) illimité

8) Dans quelle circonstance utilise-t-on l'expression "Oh la vache!"?

a) Comme expression d'une surprise
b) Pour saluer
c) Lors de funérailles
d) Dans une ferme

9) En France, lorsque vous trinquez, si vous ne regardez pas les autres dans les yeux, qu'est-ce qu'il va vous arriver?

a) Vous allez renverser votre boisson
b) Vous allez être malheureux en amour pendant 7 ans
c) Vous n'allez pas avoir une bonne récolte
d) Vous allez perdre tous vos amis

1- Réponse C
2- Réponse D
3- Réponse A. Il est d'usage d'arriver une dizaine de minutes après l'heure indiquée, afin de permettre à la maîtresse de maison de finaliser les préparatifs.
4- Réponse B
5- Réponse B
6- Réponse A. Le bouledogue français pèse en moyenne 9 kg de moins.
7- Réponse B
8- Réponse A
9- Réponse B

funni
PLANET